Justine T. Annezo

Résistantes !

Justine T. Annezo

Résistantes !

Éditions Muse

Imprint

Cover image: www.ingimage.com

Publisher:
Éditions Muse
is a trademark of
International Book Market Service Ltd., member of OmniScriptum Publishing Group
17 Meldrum Street, Beau Bassin 71504, Mauritius
Printed at: see last page
ISBN: 978-620-2-29108-8

« Si la France se composait uniquement de femmes,
quelle nation terrible elle serait. »
(Michelet)

NOTE DE L'AUTEUR

J'ai voulu écrire sur les femmes dans la résistance quand j'ai découvert qu'on avait presque attendu le début des années 2000 pour réellement s'intéresser à leur rôle de résistante. Alors encore à mes premiers pas d'auteure, je me suis appuyée sur les mots des morts et des vivants pour construire le récit de *Résistantes !*. Peut-être par sécurité mais surtout par volonté. Je voulais retranscrire le plus fidèlement possible les points de vue et ressentis de ces femmes dont je souhaitais partager le parcours. L'écriture est toujours subjective, nos choix de mettre en valeur ou non certains évènements, histoires, révèlent déjà un part pris. Je ne voulais donc pas ajouter un prisme supplémentaire en transformant leur propos et j'avais la volonté de ne pas trahir l'Histoire en mettant mes mots inventés sur des instants que je n'avais pas connus. Mon envie première était de faire entendre leur voix et leurs mots par le théâtre. Ce récit est donc né de l'assemblage de ces récits de femmes. J'ai collecté pendant deux ans les souvenirs oraux et verbaux des résistances connues et inconnues, rencontrées au fil de mes lectures, afin de recréer des morceaux d'Histoires et donner corps et voix à des personnages qui s'en inspireraient. Le lecteur trouvera en fin d'ouvrage la liste des témoignages qui m'ont permis d'étayer l'écriture de ce spectacle.

La pièce de théâtre a été créée pour la première fois en mars 2013 dans une mise en scène de Justine T.Annezo et David Jaud. En 2018 – année de la parution du livre – le spectacle se joue toujours avec la distribution suivante :

AMBRE [nom de résistance : Annick], 21 ans : Juliette DAMIENS

LUCIENNE [nom de résistance : Marcelle], 35 ans : Virginie DANO

MADELEINE [nom de résistance : Françoise], 54 ans : Flore EGAL

OLGA [nom de résistance : Claudie], 27 ans : Pauline PIDOUX

LOUISE [nom de résistance : L'Italienne], 20 ans : Justine T.ANNEZO

PROLOGUE

1- 8 mai 1945, jour de la capitulation allemande

2- Les journaux insistent sur les hommes
Déportés courageux clairvoyants les hommes
De la guerre clandestine

3- Oubliant que les femmes n'ont pas été de simples
Spectatrices
Mais des actrices majeures de la Victoire

4- A ce moment-là, l'image de la femme est tout autant

1- Voire plus

5- Celle de la femme tondue que celle de la martyre
Résistante ou déportée

1- Elles retournent dans l'ombre des hommes qui ont retrouvé
Liberté et suprématie
Entraînée à la modestie par tant de siècles de morale judéo chrétienne, la femme se laisse reprendre par les vieilles habitudes

4- Sur 1000 personnes décorées de l'Ordre des Compagnons de la Libération
6 femmes seulement

2- Dont 4 à titre posthume

3- Bertie Albrecht

5- Laure Diebold

1- Marie Hackin

2- Marcelle Henry

5- Simone Michel Lévy

4- Emilienne Moreau Evrard

5- Les résistantes ont fait
Ce qu'elles avaient à faire sans se soucier
De futures récompenses
Sans se soucier
De la place qu'elles occuperaient plus tard dans la société

3- Mais ni gloire ni récompense
Ni reconnaissance

4- Elles ont décidé de prendre
Des responsabilités dans les organismes clandestins
S'il y avait des actions plutôt réservées aux femmes
Aucun mouvement ne fut spécialement créé pour elles

2- Ce qu'elles ont vécu n'était
Pas pire pas mieux
Mais elles l'ont vécu avec autant de courage et d'abnégation que les hommes

1- Cependant les femmes ont été
Eloignées
Des représentations nationales

4- Malraux a dit un jour :

5- « Faire de la résistance féminine
Un vaste service d'aide
Depuis l'agent de liaison jusqu'à l'infirmière
C'est se tromper d'une guerre
Les résistantes furent les joueuses
D'un terrible jeu
Combattantes
Non parce qu'elles portaient les armes
Elles l'ont fait parfois
Mais parce qu'elles étaient les volontaires
D'une atroce agonie
Ce n'est pas le bruit qui fait la guerre

C'est la mort. »

3- Elles redeviennent les individus de seconde catégorie qu'elles ont toujours été

4- On ne les entend plus

5- On ne les écoute plus

1- On ne se soucie plus
De leurs sacrifices
Ni des dangers qu'elles ont connus

2- Elles ont idéalisé
Une France libérée
Comme la France était belle vue de Ravensbrück
Comme elles ont changé ces femmes
Alors que la société d'après-guerre reste immuablement la même

4- Qui sont-elles ces femmes
A qui l'on a reproché
D'abandonner foyer et enfants

3- Qui sont-elles ces résistantes
Qui ont assumé leur rôle de citoyenne
Sans en avoir les droits
Qui ont transporté les armes
Sans pouvoir les porter

5- Afin que la mémoire demeure
Que le devoir d'Histoire soit fait

3- C'est leur voix qui se ranime

4- C'est leur parole qui prend un nouveau souffle

1- Ce sont leurs mots qui reprennent leurs droits

2- Avec les imperfections que forme le temps

5- Avec la partialité des souvenirs

3- Ici et maintenant

1- Et leur lutte pour la Justice n'aura pas été vaine

4- Aujourd'hui nous les entendons
Les écoutons

2- Nous sommes le 19 août 1944
A quelques heures de la Libération de Toulouse
C'est un petit bout de la Libération de la France

5- Une Libération
Qui aurait dû à ce moment-là être aussi celle de la femme

(Sur LA COMPLAINTE DU PARTISAN *jouée à l'accordéon)*

1- Louise, 20 ans
Nom de résistance : L'Italienne

2- Madeleine, 54 ans
Nom de résistance : Françoise

3- Lucienne, 35 ans
Nom de résistance : Marcelle

4- Ambre, 21 ans
Nom de résistance : Annick

5- Olga, 27 ans
Nom de résistance : Claudie

Séquence 1 : AVANT LA TEMPÊTE

(Olga fredonne sur l'air de Que reste-t-il de nos amours *comme en train de bercer un enfant)*

Olga : Mon mari
Je l'ai perdu
Sans un adieu sans un baiser
Mon fils
Je l'ai quitté
Dans les cris dans les larmes
Que reste-t-il
De nos amours
Que reste-t-il
De ces beaux jours
Que reste-t-il de nous
Rien
Que les souvenirs
Ces souvenirs qui m'arrachent au présent
Je suis vivante
Tant pis pour moi

(Arrivée d'Ambre)

Ambre : Je suis en retard ?

Olga : Non, personne n'est encore arrivé.

Ambre : T'es toute seule ?

Olga : Oui mais Françoise ne devrait pas tarder à revenir. Elle avait un message pour le maquis.

Ambre : Tu as une mine à faire peur.

Olga : Je te retourne le compliment.

Ambre : Tu as encore fait des cauchemars ?

Olga : Parfois, j'en arrive à envier ceux qui ont sacrifié leur vie ; nous, nous serons obligées d'apprendre à vivre sans eux en nous demandant. Pourquoi eux et pas nous ?

Ambre : Dis pas ça.

Olga : J'attends que passe ma vie.

Ambre : Il faut que la vie ait le dernier mot sinon à quoi bon combattre…

Olga : Mais quelle vie ? Quel combat ? Notre combat, c'est le combat pour la vie, pour la Liberté, pour l'avenir de nos enfants. Et mon avenir est à jamais perdu.

(Arrivée de Madeleine)

Madeleine : Salut Claudie ! Bonjour ma grande ! L'Italienne n'est pas encore là ?

Olga : Non. Elle vient ici ?

Madeleine : Oui, changement de programme… On était ensemble, mais on s'est séparées, c'était plus prudent, avec le couvre-feu qui n'est pas levé. J'espère qu'elle n'a pas d'ennuis.

Olga : Les Allemands ont reçu l'ordre de retraite hier alors je pense qu'ils ont d'autres chats à fouetter !

Madeleine : T'as peut-être raison.

Ambre : Et Marcelle, des nouvelles ?

Madeleine : Ah, m'en parle pas ! Elle m'a dit qu'elle nous rejoignait à l'aube. Mais tête brûlée comme elle est…

Ambre : Je ne comprends pas qu'elle ait constamment ce besoin de se mettre en danger…

Madeleine : En attendant, j'espère qu'elle n'est pas encore allée tenter le diable. C'est bien la peine de se faire prendre à quelques heures de la Libération ! Et L'Italienne qui n'est toujours pas là !

Ambre : Te fait pas de bile ! Elle doit juste faire attention, ou son vélo a peut-être crevé. Qu'as-tu fait de la petite Josette ?

Madeleine : Je l'ai envoyée chez mes parents. Elle a déjà été assez mise à contribution par la guerre, ces derniers mois ont été difficiles pour elle. Ces prochains jours vont être assez mouvementés et ce n'est pas la place d'une petite fille de 10 ans. Je voudrais, si c'est possible, lui donner encore quelques heures d'insouciance.

Ambre : Je pense que son enfance s'est envolée avec la paix, les rires et les joies d'avant.

Madeleine : T'as pas l'air dans ton assiette, Annick ?

Ambre : Tout va bien !

(Arrivée de Louise)

Louise : C'est pas ton sourire forcé qui va nous convaincre !

Madeleine : Te voilà enfin ! Qu'est-ce-que t'as fichu ? Je me suis fait un sang d'encre !

Louise : Je te rappelle que j'avais un colis plutôt encombrant. J'ai besoin de toi Annick. Viens avec moi.

Madeleine : Installez-le en bas.

Olga : Qu'est-ce qu'il se passe ?

Madeleine : Un des jeunes du maquis, Exilé qu'il s'appelle, a été bêtement blessé. Un coup est parti alors qu'un autre nettoyait son arme, il a pris la balle en pleine poitrine.

Olga : Pourquoi l'avoir amené ici ?

Madeleine : Il était trop grièvement blessé pour attendre les secours, on a préféré le transporter.

Olga : Je ne sais pas ce qui est pire…

Madeleine : Vous vous en sortez ?

Louise et Ambre : Oui Oui.

Louise : Annick a besoin d'une bassine d'eau et de linge propre. Il avait mis une chemise blanche, une chemise propre pour la Libération. Ne reste qu'une corolle de sang à la place du cœur.

Olga : Tu dois y retourner ?

Louise : Non. On était censés marcher sur Toulouse dans deux jours mais avec le départ des Allemands, c'est avancé… Le maquis doit être sur place demain matin donc Roger m'a dit de rester là. Et toi ? Du nouveau ?

Olga : Je dois leur apporter les armes.

Louise : Et Marcelle, elle nous rejoint ?

Olga : Normalement oui.

Madeleine : Je vais préparer du national, on va en avoir besoin !

Louise : Tiens, Roger m'a donné ça pour toi.

(Olga va allumer la radio, elle met sur la BBC, qui passe We'll meet again *de Vera Lynn)*

Olga : La peur pour moi n'avait été qu'épisodique
Je la rencontrais
A l'angle d'un coup dur
Au carrefour d'une attente prolongée
Mais la confiance
Faite de foi et d'espérance reprenait le dessus
Quand tu as été arrêté mon amour
Si j'avais totalement gardé la foi

L'espérance me lâchait
La peur m'envahissait
J'avais mortellement peur
De ce qui allait encore arriver
Aujourd'hui je n'ai plus peur
Puisque le pire est là
Tout contre moi

(Retour Ambre)

Louise : Alors ?

Ambre : J'ai pu retirer la balle mais il est dans un état critique. Je ne sais pas s'il va tenir le coup. Pour l'instant, il se repose.

(Arrivée de Lucienne, retour Madeleine)

Lucienne : Ben dis donc, ils ont la trouille ! Ils sont tellement occupés à se faire la malle qu'ils ne prennent même plus deux minutes pour nous dire des cochonneries. Je suis déçue !

Madeleine : C'est d'un goût !

Lucienne : Quelle tête d'enterrement ! Qui est mort ?

Madeleine : Pourquoi tu arrives si tard ? Qu'est-ce-que t'as fabriqué ?

Lucienne : J'étais occupée…

Ambre : On s'en serait douté.

Olga : Toi, tu as encore fait quelque chose que tu n'aurais pas dû… !

Lucienne : Au contraire, j'ai passé la nuit à retarder leur départ. J'ai mis du sable dans les réservoirs d'essence !

Louise : Mais t'es malade ! Si tu t'étais fait pincer ?

Ambre : Tu sais bien qu'ils sont chatouilleux. Oradour sur Glane, ça te dit rien ? Et sans avoir besoin de chercher si loin… L'attaque de Marsoulas.

Madeleine : Et les exécutions à Buzet sur Tarn !

Louise : Je veux bien prendre des risques, mais là, c'est vraiment se jeter dans la gueule du loup !

Olga : Allez, pas la peine de s'énerver. Après tout, le principal, c'est que Marcelle nous soit revenue saine et sauve.

Louise : Tu peux changer de station, Claudie s'il te plaît, c'est l'heure des British et vous n'allez rien comprendre.

Ambre : Parce que toi tu comprends ?!

Louise : Quand même un peu, j'aurais passé trois ans à Londres et je ne connaîtrais pas l'anglais ? Ce serait un comble !

Ambre : D'accord, nous t'écoutons… Ils nous racontent quoi?

Louise : Là, maintenant ? Ils sont justement en train de parler de toi, et ils te conseillent de me fiche la paix de bon matin au risque de te faire botter les fesses par le Général de Gaulle en personne.

Ambre : Il doit drôlement t'apprécier pour faire le déplacement plutôt que de marcher sur Paris !

Olga : Vous avez fini ? Je peux changer ?

Lucienne : On ne va quand même pas écouter Radio Toulouse, ce tissu de mensonges, infâme relais de Radio Paris !

Louise et Ambre : *Radio Paris ment*
Radio Paris ment
Radio Paris est allemand

Ambre : Tu devrais toi-même savoir qu'il est parfois très utile d'écouter l'ennemi.

Olga : De toute façon, la question ne se pose plus, ce sera la BBC ou rien. C'est le silence radio sur toutes les ondes.

Madeleine : Même Radio Alger ?

Louise : J'ai calculé, depuis le jour de la Défaite, j'ai dormi dans neuf chambres, quatre régions, deux pays, emballé mes valises cinq fois.

Lucienne : Tu ne m'arriveras jamais à la cheville L'Italienne. A Lyon, j'ai déménagé 32 fois.

Ambre : Nous avons toutes été
éparpillées
au gré des chemins
Nous avons toutes été obligées de quitter une terre des gens que nous aimions

Olga : Comment partir sans savoir
s'il est mort ou vivant
Fusillé ou parti
Parti vers l'Est
Parti vers un autre exil

Lucienne : S'exiler
Ce mot prend sens
en ces instants-là

Olga : Comment rester
pendant que l'étau se resserre

Ambre : Rester à quel prix
Alors on part
comme des milliers d'autres Alsaciens considérés comme inassimilables
Nous laissons tout
Nous devenons pauvres
Quel soulagement quelle joie
Nous allons être libres
libres de parler de respirer de penser

sortis d'un grand cauchemar
Ma mère mon père mes 5 sœurs et moi montons dans un train
Un train vers le Sud
Un train vers la Zone « Libre »
Il paraît

Olga : Il aurait pu être
le visage sur l'Affiche Rouge
Cet étranger qui fait peur
Mon cœur saigne pour tous
Vous avez brisé leur gorge pour étrangler leur voix

Louise : Ce matin je pars pour Londres
Un dernier baiser à Lucien auréolé de sommeil
Une dernière lettre à maman pour expliquer
Je rejoins le Général de Gaulle avant même d'avoir entendu parler de lui
Je sais que c'est là-bas que l'on se bat
Je sais que c'est le parti à prendre dans la lutte
Je sais que si mon père est vivant c'est là qu'il sera
Ce matin je pars pour Londres

Olga : Et les rafles qui se multiplient
Et les arrestations qui s'accélèrent
Et les amis qui disparaissent
laissant derrière eux
Telles des feuilles mortes
des taches jaunes sur le sol
une étoile deux étoiles
l'arrachement de l'insigne monstrueusement volé aux astres

Lucienne : Il m'a fallu fuir
Fuir cette ville devenue trop méfiante où l'arrestation m'attend à chaque coin de rue
Fuir cette colère rentrée
Fuir cette « fille de » qui me colle à la peau sans me ressembler vraiment
Fuir cette exaltation du risque
Fuir une mère intolérante
« Je n'oublierai jamais le mal que tu m'as fait »
Fuir tant qu'il est encore temps

« Personne ne t'a demandé d'être une héroïne »
Fuir vers d'autres périls d'autres luttes

Olga : Et j'ai choisi de partir
pour sauver ce qu'il me restait de plus précieux
Même si pour le sauver
il fallait me l'arracher
Même si pour le sauver il fallait qu'il oublie
Son père sa mère
J'ai couru vers le Sud
mon bébé sous le bras
avec la promesse d'une vie meilleure

Madeleine : Moi qui suis restée
sur cette terre d'asile
j'ai vu déferler
toute la Belgique tout le Nord
vers le Sud-Ouest
pensant que jamais les Allemands ne descendraient si bas
Tous ces gens exhalaient
une odeur suffocante de sueur et de crasse
J'ai vu toute une famille une bande de petits attachés les uns aux autres comme une grappe
Et la mère éreintée tirait derrière elle
sa chaîne sa charge sa raison de vivre
Les paysans qui jamais ne quittaient leur terre
étaient partis avec brouettes et charrettes
Lorsqu'ils parlaient des Boches sans cri sans grandiloquence ils martelaient ces mots : « Les brutes les sauvages »
Le désordre était total

Olga : Je me souviens
les rues de Paris étaient vides
Exsangues
Les rares passants que j'ai croisés
m'apparurent comme des ombres

Lucienne : Ils parlent encore des « Jours heureux » dans « Libérer et Fédérer ».

Madeleine : De quoi tu parles ?

Olga : Le programme du Conseil National de la Résistance pour la Libération. Plus on avancera dans le temps, plus on en entendra parler.

Louise : Je trouve assez extraordinaire qu'autant de personnes, toutes origines politiques confondues, aient réussi à se mettre d'accord pour l'avenir de la France. C'est une cohabitation sans précédent !

Lucienne : Tu parles ! J'aurais aimé être petite souris : ça devait être un sacré bazar!

Olga : « Ça n'est pas équitable ! Le Parti Communiste est en surreprésentation. On va finir comme en URSS avec la collectivisation et tout le tintouin ! »

Lucienne : La seule motivation de tous ces hommes, c'est le pouvoir. Ils sont prêts à tous les compromis pour se garantir une place dans le paysage politique.

Madeleine : Je ne comprends pas que, dans une période pareille, il existe encore des rivalités politiques, ou bien que les ambitions personnelles soient déterminantes dans la prise de position de l'un ou de l'autre.

Olga : On s'y met ?

(Olga s'installe à la machine à écrire. Lucienne allume la radio qui passe Wish Me Luck as You Wave Me Goodbye *de Gracie Fields)*

Lucienne *(dictant le tract)* : L'heure de la liberté est venue. Déjà certaines villes de France sont libérées de l'effroyable cauchemar qui pesait sur elles depuis quatre ans. La Résistance ne se terre plus dans son trou, elle est toujours et partout présente et plus forte que jamais. La consigne est lancée : c'est l'heure de l'Insurrection Nationale. Tout sent la poudre. Les barricades surgissent : les hommes déterrent les pavés, les enfants les portent, les femmes déplacent les sacs de sable. Des armes sont récupérées. Venez nous rejoindre ! Peuple de Toulouse, c'est l'heure de se libérer.

Olga : Il ne reste plus qu'à ronéotyper.

Lucienne : Il faudra clamer notre Résistance
Il faudra nous raconter nous les femmes

Ambre : les besognes que nous étions les seules à pouvoir exécuter

Louise : celles que nous accomplissions mieux que nos compagnons

Olga : celles enfin qui leur étaient généralement réservées dont nous nous tirions aussi bien qu'eux

Madeleine : Nous dirons le père et le fils tombés au poteau

Olga : La femme sacrifiant son mari, son enfant, sa propre vie

Lucienne : Il nous faudra raconter
la liberté bafouée

Olga : ces années de silence

Louise : d'attentes inquiètes

Lucienne : de soupçons insidieux

Madeleine : de renoncements héroïques

Ambre : Il nous faudra raconter
l'horreur imposée à des enfants

Olga : l'entassement des morts dans un inextricable charnier

Louise : les trains en partance vers un effroyable inconnu

Madeleine : Il nous faudra raconter
les petites résistances du quotidien

Louise : qui peuvent nous envoyer en prison au poteau en déportation

Olga : aussi bien que des attentats

Madeleine : Il nous faudra raconter
ces hommes ces femmes ordinaires

Lucienne : les femmes qui ont laissé leur vie paisible
pour suivre un chemin dur et difficile

Louise : Les femmes de toutes tendances politiques

Ambre : Nos souffrances et nos déceptions

Lucienne : parfois causées par nos compagnons de combat

Olga : Notre action aura le dernier mot
puisque quelqu'un
quelqu'une
sera là et parlera

Louise : Parce qu'elles font partie
des personnes les plus menacées
dans leurs libertés

Ambre : Au même titre que les Juifs
Les Etrangers
Les Homosexuels
Les Tziganes
Les Communistes

Lucienne : Les femmes se révoltent farouchement contre le système

Olga : Historiquement
la femme doit rester chez elle
Ce que Vichy accentue
la privant petit à petit
de ses libertés déjà moindres

Madeleine : Insulte suprême
Nous devenons cause
de tous les malheurs de la France

Lucienne : De par leur vanité et leur égoïsme
en refusant d'enfanter

Les femmes
sont responsables de la défaite

Louise : Pour remédier à cette pénurie
d'enfants
rien de mieux que des récompenses

Olga : N'oublions pas
que Vichy aime mieux les femmes en pantoufles dans leur cuisine
enceintes de préférence

Madeleine : Recevrons la gratitude éternelle
de l'Etat Français
les mères
qui auront eu la bonté d'offrir à la RECONSTRUCTION
leur maternité

Lucienne : Le régime de Vichy
révèle ainsi aux mères françaises
leur poids politique
Puisqu'elles deviennent les moteurs de la REVOLUTION NATIONALE

Ambre : TRAVAIL

Louise : Forcé

Lucienne : 200

Ambre : FAMILLE(s)
PATRIE

Madeleine : Vendue

Louise : En revanche les récalcitrantes

Lucienne : Celles qui aspirent à autre chose qu'être
des mères pondeuses

Louise : Risquent non seulement

leur vie mais aussi
leur liberté

Olga/Pétain : Je déclare à compter de ce jour
L'avortement
déjà interdit
Crime contre la sûreté de l'Etat

Madeleine : Et à ce titre
passible de la peine capitale
pour les faiseuses d'anges

Olga/Pétain : Ou Avorteuse
en terme moins poétique

Louise : Maintenant passons aux choses sérieuses

Ambre : Recevrons
en guise de gratitude éternelle
médailles et denrées alimentaires
en cette période d'extrême pénurie
les mères d'au moins 5 enfants

Louise : Dommage Françoise, t'es pas passée loin !

Lucienne : Tu ne veux pas nous en pondre un petit dernier pour la route ?

Madeleine : C'est plus de mon âge ! Et pour le vieux moustachu ? Même pas en rêve !

Olga/Pétain : 5 enfants
1 médaille de Bronze
1kg de légumes secs
1 bon pour une paire de galoche

Ambre : Ma mère a eu six enfants
Peut-on augmenter la prime ?

Olga/Pétain : Garçons ou filles ?

Ambre : Que des filles !

Olga/Pétain : Je vais faire un geste
Soyons généreux
pour ces futures mères au foyer
500g de légumes secs supplémentaires

Ambre : On ne va pas aller bien loin !

Olga/Pétain : 8 enfants
1 médaille d'argent
2kg de légumes secs
1 bon pour une paire de chaussures de ville

Louise : C'est mieux que les Jeux Olympiques !

Olga/Pétain : Aucune candidate ?
10 enfants
1 médaille d'or
3kg de légumes secs
1 bon pour un costume

Lucienne : J'ai deux enfants et huit poules. Suis-je éligible ?

Olga/Pétain : Mettez dehors ce trublion !
Toujours personne ?
J'annonce
Officiellement
Etre le parrain de votre
16ème enfant

Madeleine : 16 enfants ce n'est plus une famille, c'est une basse-cour

Chœur : Des enfants vous en aurez
Quand
Nous aurons du pain à leur donner
Quand
La France sera redevenue libre
Quand

Seront enfin de retour
Nos 1 million 500 mille prisonniers de guerre

Olga : Pour toi
je n'ai eu ni médaille
ni reconnaissance publique
Tu n'étais qu'un petit morceau de
NOUS
Tu portais
la misère de l'Europe
sur tes frêles épaules
Fils d'un Républicain Espagnol
Fils d'une immigrée juive communiste
Petit bout de nous
Petit bout d'amour
Où s'envole ton rire à présent ?

Ambre : J'ai vu des Allemands
se taper les cuisses en rigolant
photographier des français en train de faire la queue devant les magasins
Je me suis alors jurée
de ne jamais faire la queue de toute la guerre

Madeleine : L'expression la plus viscérale
la plus spontanée
du mécontentement des femmes
fut la manifestation
alors interdite depuis janvier 1941

Lucienne : A Billy Montigny
entre deux et trois mille femmes
soutiennent la grève des mineurs
« Pas de charbon pour les Allemands ! »

Olga : Les « manifestations des ménagères »
confrontent des femmes ordinaires à l'action résistante
Amorçant ainsi les luttes à venir

Plus politiques
Comme la reconquête de la liberté

Ambre : Les organisations réservées aux femmes
l'ont d'ailleurs bien compris

Olga : Les Comités Féminins le plus souvent communistes
instaurent le Travail parmi les femmes
et s'adressent ainsi directement à elles
leur parlant de leur situation vécue
leur condition réelle

Louise : Cette lutte leur permet de se transformer
d'acquérir une plus grande conscience
d'elle-même
de leur force
de leurs possibilités
du rôle qu'elles peuvent
qu'elles doivent
prendre dans leur foyer
dans leur pays

Madeleine : Certaines femmes
entrent au Parti Communiste
parce qu'elles estiment
qu'il est le seul
à se préoccuper de leurs problèmes quotidiens

Olga : L'Occupation
avec son cortège de malheurs de restrictions de crimes
a assez duré
Il est temps d'agir
Pas de discours trompeurs
de médailles
Pas de cadeaux
Nous voulons du pain et du lait
Les Français doivent
arrêter
de travailler pour la machine de guerre allemande

Femmes
Aidez les hommes à se cacher
qu'ils ne partent pas travailler en Allemagne
C'est le moment
de passer à la lutte armée
contre les doryphores
pour les bouter hors du pays
La Libération approche
Vive la Résistance !
Vive la France !

LA MARSEILLAISE

Allons enfants de la Patrie,
Le jour de gloire est arrivé !
Contre nous de la tyrannie,
L'étendard sanglant est levé, (bis)
Entendez-vous dans les campagnes
Mugir ces féroces soldats ?
Ils viennent jusque dans vos bras
Égorger vos fils, vos compagnes !

Aux armes, citoyens
Formez vos bataillons
Marchons, marchons !
Qu'un sang impur
Abreuve nos sillons !

Madeleine : C'est pas tout, mais j'ai des barricades à construire moi.

Lucienne : Je pars avec toi, je vais aux PTT.

Ambre : Tu peux me remplacer à la ronéo, je vais veiller auprès d'Exilé.

Louise : Ok. On s'en occupe avec Claudie.

Madeleine : A plus tard.

Séquence 2 : Les deux glorieuses

(Lucienne est seule en scène, en train de finir le brouillon d'un tract)

Ambre : C'est de pire en pire, il est brûlant de fièvre.

Lucienne : Pourquoi tu t'occupes des blessés, tu pourrais faire tellement plus !

Ambre : L'Italienne m'a racontée l'histoire d'un maquisard qui, pendant une embuscade, avait reçu une balle dans l'œil. Il a agonisé longtemps, une mort terrible. Je me suis alors proposée pour aller ramasser les blessés. On m'a évidemment opposé que ce n'était pas un travail pour une jeune fille, mais on manquait de personnel, ils n'avaient pas trop le choix.

Lucienne : Toujours les mêmes préjugés !

(Retour Olga et Louise, les bras chargés de tracts)

Louise : Que fais-tu ?

Lucienne : Un appel à la manifestation.

Ambre : Une manifestation ? Contre qui ? Contre quoi ?

Lucienne : Il faut mobiliser les femmes : elles doivent prendre leur place au sein de cette nouvelle République, sans se laisser berner par les hommes !

Louise : Tu n'exagères pas un peu ?

Lucienne : Franchement, observez ce qui s'amorce déjà… Les hommes sont en train de reprendre le pouvoir (comme s'ils nous l'avaient ne serait-ce que prêté !). On regarde d'un mauvais œil les femmes qui ont couché avec des Allemands, et je n'ose pas imaginer ce qui se prépare…

Ambre : Tu te fais vraiment l'avocat du diable !

Lucienne : Je ne suis pas en train de les défendre mais pourquoi s'en prendre à ces femmes alors que des hommes qui ont collaboré d'une façon beaucoup plus nuisible seront laissés libres ?

Olga : Là-dessus, t'as pas tort. Qu'est-ce-que tu proposes ?

Lucienne : Organiser une manifestation dès le départ des Allemands et mobiliser le plus de femmes possible avec ça !

Olga : « La guerre est l'affaire des hommes. Mais les Allemands et la police de Vichy ne connaissent pas le droit international. Les Allemands qui ont menacé des femmes et asphyxié des enfants ont fait que cette guerre est l'affaire des femmes. Nous, les femmes de France avons dès l'armistice pris notre place dans le combat. » Lucie Aubrac a parlé en notre nom, pour nous défendre, à la radio, devant les hommes du futur gouvernement. Grâce à son courage, demain nous pourrons voter, demain nous pourrons décider de notre vie. A nous de leur prouver qu'elle n'a pas parlé en vain ! Femmes de France, il est temps de prendre la parole pour faire valoir nos droits. Vous avez, nous avons, notre place au sein de cette nouvelle administration issue de la Résistance. La Résistance, c'est vous, c'est toutes les femmes qui ont lutté depuis 4 ans. Ne retournons pas dans l'ombre ! Dès le départ des Allemands, manifestons notre présence et prenons place dans cette nouvelle France.

Ambre : Tu n'y va pas de main morte !

(Retour Madeleine)

Madeleine : La prison Saint-Michel est libérée ! Tous les prisonniers sont sortis ! Ça commence, la Libération est en marche !

(Embrassades. Danse. Madeleine lance le refrain de Tu es partout*, d'Edit Piaf, repris par les quatre autres.)*

Tu es partout car tu es dans mon cœur
Tu es partout car tu es mon bonheur
Toutes les choses qui sont autour de moi
Même la vie ne représente que toi
Des fois je rêve que je suis dans tes bras
Et qu'à l'oreille tu me parles tout bas
Tu dis des choses qui font fermer les yeux
Et moi je trouve ça merveilleux

Ambre : Nous étions six filles. La première résistance se présenta chez nous comme une prise de conscience.

Madeleine : Ma réaction a été anti allemande, rien à voir avec une quelconque idéologie.

Ambre : J'ai ressenti l'invasion comme un viol.

Louise : C'est pour ça que j'ai voulu partir. Immédiatement.

Madeleine : L'humiliation de la défaite me brûle encore le cœur quand j'y pense.

Lucienne : Quand Pétain a fait jouer la Marseillaise après son discours, j'ai pensé que plus jamais je ne l'écouterais, qu'il l'avait salie.

Madeleine : C'est comme ça. Chacun détourne les symboles à sa guise.

Louise : Après la « Drôle de guerre »

Madeleine : Plus drôle que guerre

Ambre : Et la « guerre éclair »

Olga : Les Allemands entrent dans Paris le 14 juin 1940

Louise : Le pays
en état de choc
a besoin de son homme providentiel

Lucienne : Pour remplacer
un gouvernement démissionnaire
qui a fui
dès le 10 juin
devant les avancées allemandes

Madeleine : Le sauveur de la France
c'est le Maréchal Pétain
Héros de la Grande Guerre

Olga : 17 juin 1940
Premier Discours aux Français

Louise / Pétain : Français ! A l'appel de Monsieur le Président de la République, j'assume à partir d'aujourd'hui, la direction du gouvernement de la France. En ces heures douloureuses, je pense aux malheureux réfugiés qui, dans un dénuement extrême, sillonnent nos routes. Je leur exprime ma compassion et ma sollicitude. C'est le cœur serré que je vous dis aujourd'hui qu'il faut cesser le combat. Je me suis adressé cette nuit à l'adversaire pour lui demander s'il est prêt à rechercher avec moi entre soldats, après la lutte et dans l'Honneur, le moyen de mettre un terme aux hostilités.

Madeleine : Heureusement
le lendemain
le 18 juin 1940
l'appel du Général de Gaulle nous rendit un peu plus fiers

Lucienne : A la signature de l'Armistice à Rethondes
Les Allemands tiennent leur revanche
sur le traité de Versailles de 1919

Olga : Les 1 million 500 mille prisonniers français restent en captivité
Les 3 /4 du territoire sont occupés
La zone « dite » libre est désarmée
Les réfugiés allemands et autrichiens sont livrés au IIIème Reich

Louise / Pétain : Du moins, l'honneur est-il sauf. Le gouvernement reste libre, la France ne sera administrée que par des Français. Notre défaite est venue de nos relâchements. L'esprit de jouissance détruit ce que l'esprit de sacrifice a édifié. C'est à un redressement intellectuel et moral que d'abord, je vous convie. Français, vous l'accomplirez et vous verrez, je vous le jure, une France neuve sortir de votre ferveur.

Lucienne : La IIIème République signe son arrêt de mort

Ambre / Laval : Votez Pétain ! Votez Pétain !

Louise / Pétain : Pierre Laval est l'artisan de ma victoire
569 voix contre 80
pour mes pleins pouvoirs

Ambre / Laval : Les amis
allons nous installer à Vichy
Il paraît que les hôtels de luxe y poussent comme des champignons
On devrait y trouver notre bonheur

Madeleine : C'est le début d'un régime autoritaire
basé sur l'idéologie d'une droite traditionaliste

Lucienne : On ne parle pas de dictature
puisqu'officiellement
les partis ne sont pas interdits

Olga : Sauf le Parti Communiste depuis le 26 septembre 1939 !

Louise / Pétain : Même pas moi, j'étais pas encore là !

Ambre / Laval : La faute à qui ?
La faute à l'URSS

Louise/Pétain : Quelle idée d'aller signer un pacte de non-agression avec l'Allemagne !

Olga : La faute à quoi ?
La faute aux accords de Munich !

Lucienne : Quand les puissances occidentales ont baissé leur froc devant l'Allemagne nazie !

Olga : Sans même un regard vers l'Union Soviétique

Ambre / Laval : C'est bien la preuve qu'il n'y a rien de bon à s'allier avec ces traîtres d'Anglais !

Louise/ Pétain : Le sang russe inonde encore les sillons de Leningrad quand celui des Français a fini de couler

Lucienne : C'est qu'on ne doit pas parler des mêmes Français !

Olga : Au moins, l'URSS était prête
quand les soldats nazis sont venus souiller ses terres !
Au moins, Staline n'a-t-il pas offert son pays, son peuple en sacrifice !

Louise / Pétain : Dites plutôt que Monsieur le Petit Père des Peuples avait des envies d'évasion
Quel temps fait-il en Pologne ?

Madeleine : Et tout ça, pourquoi Messieurs les tyrans ?
Accords de Munich Pacte Germano-soviétique
Pour que NOUS
Peuples d'Europe
finissions donnés en pâture aux armées allemandes !

Olga : Mais nous sommes là
Encore et toujours
A lutter pour la Liberté

Ambre / Laval : Il faudra mater ces rouges sanguinaires !

Lucienne : Les syndicats de leur côté
sont totalement et absolument
supprimés

Olga : Ce nouvel Etat Français
qui revendique
sa totale indépendance vis-à-vis de l'Allemagne nazie

Madeleine : S'en inspire pourtant fortement

Louise / Pétain : A compter d'aujourd'hui
le service militaire
est remplacé par les « Chantiers de la Jeunesse »

Lucienne : Ou comment endoctriner dès leur plus jeune âge les Français dans la Révolution Nationale

Ambre / Laval : Il ne faudrait pas oublier

les Anciens Combattants
Vos plus fervents défenseurs

Louise / Pétain : Qu'on leur crée leurs propres Ligues

Madeleine : Ou comment valoriser le fascisme français avec les principaux représentants de l'extrême droite : les Croix de Feu

Louise / Pétain : Et comme je suis le chef
J'apprécierais que tous les fonctionnaires me prêtent allégeance
Qu'on mette aussi une photo de moi
dans toutes les classes de France et de Navarre

Ambre / Laval : Je vous ai même préparé une petite chanson…
Maréchal nous voilà !
Devant toi, le sauveur de la France !
Maréchal nous voilà !

Louise / Pétain : Parfait !
Elle accompagnera notre bonne vieille Marseillaise !

Olga : L'Endoctrinement l'Exclusion l'Internement
remplacent la Liberté l'Egalité la Fraternité
Il est beau le pays des Droits de l'Homme !

Ambre / Laval : Il nous faut trouver des coupables à cette débâcle !

Louise / Pétain : Les responsables politiques de la IIIème République
Régime décadent
devront répondre de leurs crimes à l'encontre du peuple français

Madeleine : Ils seront tous jugés au procès de Riom

Ambre / Laval : Et n'oublions pas
Les Juifs
Les Francs-Maçons
Les Etrangers

Lucienne : Les femmes

Louise / Pétain : Rappelez-vous le sacrifice de Jeanne d'Arc
Suivez son exemple
Et honorez-la dans sa volonté de maintenir l'unité de la France

Ambre / Laval : Faites comme Jeanne d'Arc
Aidez-nous à mettre hors d'état de nuire
Ces foutus Anglais

Lucienne et Olga : Prenons exemple sur Jeanne d'Arc
Luttons contre l'Occupant !

Madeleine : Et avec la poignée de mains de Montoire
La collaboration entre la France et l'Allemagne est lancée

Ambre / Laval : Et nous serons au rang des vainqueurs
lorsque l'Allemagne aura soumis l'Europe

Olga : L'apogée de ce régime
répressif policier soumis aux nazis
c'est la création de la Milice
en février 1943
qui aide la Gestapo dans toutes ses basses besognes

Chœur : Ce sont ces atteintes à la vie
qui réveillèrent chez les femmes
chez nous
l'instinct de lutte et la résolution de tout faire
pour briser cet appareil infernal

CHANT DU DEPART

Un député du Peuple
La victoire en chantant nous ouvre la barrière.
La Liberté guide nos pas.
Et du nord au midi, la trompette guerrière
A sonné l'heure des combats.
Tremblez, ennemis de la France,

Rois ivres de sang et d'orgueil !
Le Peuple souverain s'avance ;
Tyrans descendez au cercueil.

Chant des guerriers (Refrain)
La République nous appelle
Sachons vaincre ou sachons périr
Un Français doit vivre pour elle
Pour elle un Français doit mourir.

Trois guerriers
Sur le fer devant Dieu, nous jurons à nos pères,
À nos époux, à nos sœurs,
À nos représentants, à nos fils, à nos mères,
D'anéantir les oppresseurs :
En tous lieux, dans la nuit profonde,
Plongeant l'infâme royauté,
Les Français donneront au monde
Et la paix et la liberté.
(Refrain)

Ambre : Ma première résistance
C'était donner de fausses indications aux Allemands qui demandaient leur chemin
C'était écrire des V et des croix de Lorraine sur les murs
C'était me balader entourée de mes sœurs
Une bleue une blanche une rouge

Olga : Je suis née Russe
J'ai passé une partie de ma vie en France
Je ne veux trahir ni ma patrie
ni celle qui m'a offert asile
Pourtant une peur dévorante m'empêche d'agir
Nous allons être arrêtés nous allons mourir
Alors que ces doutes figent ma pensée
je passe à côté de la gare d'Orsay
L'horloge est arrêtée narguant l'Occupant
A ce moment là

je comprends que je préfère mourir
pour un idéal
contre la barbarie nazie
Ce choc détermine en moi
une résolution que rien ne pourra détruire
Je n'ai plus peur du tout
L'ennemi n'a pas de prise sur qui ne craint pas la mort

Lucienne : Le lendemain du discours de Pétain alors qu'une poignée de Français tendaient l'oreille aux premiers mots de résistance
je me trouvais
par hasard
à un bal
à la gloire du « sauveur de la France » fêtant allègrement la fin de la guerre
Mais quelle fin ?
J'ai quitté cette maison grotesque
dans un silence outré

Chœur : Nous n'étions pas prédisposées à être des héroïnes
Nous étions des jeunes filles
des femmes
qui aspiraient au bonheur aimaient la vie
Mais parfois tout de suite
parfois petit à petit
nous avons compris ce qui rendait notre bonheur impossible

(Bruit extérieur : Ambre s'en va auprès du blessé, Madeleine va vérifier à la porte.)

Madeleine : C'est un nouveau tract ?

Lucienne : Oui, pour mobiliser les femmes, qu'elles luttent pour leurs droits.

Madeleine : Tu vas pas recommencer !

Louise : On dira ce qu'on veut, mais à Londres, les postes importants étaient tous entre les mains des hommes. La seule responsable femme était celle des Femmes Françaises.

Madeleine : Ça aurait été difficile de faire accepter que le responsable d'une organisation exclusivement réservée aux femmes fût un homme.

Lucienne : Et ils ont mis un foutu temps à se rappeler qu'on existait de l'autre côté de la Manche. Tout d'un coup la voix de Londres…

Louise : …Maurice Schumann…

Lucienne : …appelle les femmes à entrer en résistance :

Madeleine : « Vous savez combien l'ennemi craint votre influence, soyez donc actives. »

Lucienne : Comme si on les avait attendus !

Madeleine : Tu n'es pas obligée de t'insurger contre la terre entière !

Ambre *(revenant)* : Rien à signaler. Il dort toujours.

Lucienne : Je me trompe peut-être ? Demandons à l'Italienne. Raconte-nous ton entrée fracassante dans les Forces Françaises Libres. Je suis sûre qu'ils t'ont accueillie à bras ouverts quand ils ont vu ta bouille de gamine à peine sortie des jupes de sa mère.

Louise : Je dois reconnaître qu'elle n'a pas tort. Quand je me suis rendue au QG du général déjà rebelle, on m'a refoulée parce que j'étais une fille.

Ambre : Ils ont quand même fini par créer une unité féminine.

(Louise chante le CHANT DES FFL, *rejointe par Ambre)*

C'est nous les Femmes de la France Libre
Quand on est dans le kaki
On ne fait plus de chichis
Partout dans la Belle Angleterre
On les reçoit à bras ouverts les volontaires

Louise : 15 novembre 1940 : Création du Corps Féminin des Volontaires Françaises

Lucienne : La blague !

Louise : Comme tu dis ! C'est rapidement devenu le Corps des Volontaires Françaises pour éviter les plaisanteries douteuses.

Olga : C'est pas beaucoup mieux !

Lucienne : Autrement dit le service des boniches des soldats français.

Madeleine : Calme-toi à la fin. Tant qu'il y aura des hommes pour porter les armes, les femmes ne sont pas censées prendre part aux combats.

Louise : Sans parler de porter les armes, on aurait pu espérer un peu plus de considérations… Dans l'armée où je suis entrée avec un tel enthousiasme, je ne sers à rien puisque je ne suis pas sténodactylo. Ici seule une chose compte : savoir taper à la machine. Vous pouvez être crétine, n'avoir aucun sens patriotique, vous êtes le type qu'il leur faut.

Lucienne : Les femmes sont essentiellement formées à être les auxiliaires, les conductrices des hommes.

Olga : J'ai appris que certaines faisaient partie de l'Armée de l'Air.

Louise : Oui, pour reconduire les avions à leur base. Et il y a les autres, comme moi, à qui l'on donne un travail inintéressant, le seul dont on les juge capables ; par exemple, faire la garde à l'entrée de la caserne, noter les heures de sortie…

Mais lorsque l'on défilait dans les rues de Londres
avec nos nouveaux uniformes à écussons bleu pâle
J'oubliais tout ça
Au milieu de l'enthousiasme indescriptible d'une foule énorme
Nous
qui sommes si peu de choses
représentons cependant LA femme française qui lutte
J'aime Londres
où j'ai tant souffert
C'est à Londres que j'ai connu
la séparation l'espoir la ténacité
Londres c'est la guerre
C'est la vie
La vie
rythmée par une cloche qui sonne
cloche de l'appel du matin
cloche des repas de l'extinction des feux

cloche du départ au travail
cloche pour descendre dans les abris pendant les alertes

Ambre : Tombe la pluie
Tombent les bombes
mais aucun parapluie
ne protège nos maigres vies

Louise : Londres est une ville en flammes
Londres est un immense brasier
Partout des maisons détruites
des maisons brûlées
Les Anglais offrent leur capitale
en sacrifice

Madeleine : Ici
En France
les nuits sont meurtrières et salvatrices

Louise : Le ciel rouge sanguinaire
chargé
d'immenses et lourds nuages noirs
a un parfum d'apocalypse

Madeleine : Ici
En France
le chagrin et l'espoir se partagent notre âme

Lucienne : Le chagrin des victimes
L'espoir de la victoire alliée

Louise : Le calme presque angoissant des Anglais
continuant à vivre dormir danser
pendant que ça siffle ça tonne canonne explose

Ambre : Les squelettes sont pendus
suspendus aux branches calcinées
expulsés de leur cercueil

Le cimetière n'est plus qu'une immense potence
Les morts eux même ne reposent plus en paix

Olga : L'attente des nuits d'alerte alors que se rapproche le ronflement saccadé de l'avion. Le bruit s'éloigne
on respire
Jusqu'à la prochaine fois

Lucienne : Un tel fracas atterrit avec la bombe
que la maison semble s'écrouler
Les vitres s'agitent
Les portes claquent

Olga : Un long sifflement
une énorme masse d'air autour de nous
On sent jusqu'au creux de l'estomac
la bombe éclater non loin

Chœur : Et les pleureuses s'éveillent dans la nuit
pour nettoyer les débris
faire le vide dans leur vie
alors qu'un autre matin noir se lève

(on frappe à la porte, Madeleine sort, accompagnée d'Ambre qui va veiller le blessé. Madeleine revient)

Lucienne : C'était qui ?

Madeleine : Des résistants qui demandaient leur chemin.

Ambre *(des coulisses)* : J'ai besoin d'aide, vite !

(Lucienne, Olga et Madeleine se précipitent, ça s'agite autour de Louise, ça court dans tous les sens mais elle reste impassible. Madeleine finit par la rejoindre. Pendant toute la durée de leur échange, les trois autres continuent à s'agiter jusqu'à chanter CEUX DU MAQUIS *depuis les coulisses)*

Louise : J'ai décidé de rentrer en France

Révoltée par la langueur monotone de mon action
Lorsque j'ai reconnu l'odeur
l'herbe sous mes pieds
c'était la fin de mon exil
Et me voilà dans le maquis

Madeleine : J'allais les chercher à la gare
Ils me donnaient l'un après l'autre le mot de passe qui changeait tous les jours
Pour l'identité
c'était compliqué
Chacun en avait trois
La vraie qu'ils n'étaient pas obligés de me révéler mais qui m'était utile pour contacter les familles
La seconde était celle de la fausse carte d'identité J'en ai vu pleurer lorsque je la leur donnais en échange de la vraie
La troisième le nom de guerre le seul qu'ils utilisaient au maquis
Ils passaient la nuit ici attendant que l'Italienne ou moi les menions au campement

Louise : Je suis une femme
seule
parmi tous ces hommes qui me traitent en égale
Parfois la nuit je prends
seule
la sentinelle armée d'une mitraillette
Il y en a toujours un pour dire
« vous croyez que c'est un travail pour une femme »
Mais la fatigue
plus forte que la méfiance
il s'endort comme un bienheureux

Madeleine : Je les ravitaille
toutes les semaines
Avec ma petite Josette
nous partons à la cueillette aux champignons ou aux mûres sauvages selon la saison
Le plus souvent l'Italienne vient récupérer l'approvisionnement
Rares sont les femmes à être admises au maquis

Louise : Les journées se traînent
Mais le soir
nous chantons
emplis d'espoir
de mélancolie
à la pensée de nos familles au loin craignant pour leur vie
Les nuits sont brûlantes et tristes

CEUX DU MAQUIS

Ils se sont enfuis dans la nuit
Pour ne pas aller en Allemagne.
Quittant leurs parents, leurs amis,
Se cachant dans la montagne,
Et pour mieux servir le pays
Ils ont pris Le Maquis.

Ce sont ceux du Maquis
Ceux de la Résistance
Ce sont ceux du Maquis
Combattant pour la France.
Bravant le froid, bravant la faim
Défiant l'horrible esclavage,
Bravant Laval, bravant ses chiens
Sans jamais perdre courage.
Ce sont ceux du Maquis
Ceux de la Résistance
Ce sont ceux du Maquis
Jeunesse du Pays.
Ils ont bravé tous les périls
Dans leur âpre lutte secrète
Sans souliers, sans pain, sans fusil
Descendant de leur retraite
Souffrant et luttant jour et nuit
Nos amis du Maquis.

Ce sont ceux du Maquis

Ceux de la Résistance
Ce sont les F.F.I.
C'est l'armée de la France.
Contre nazis et miliciens
Sans discours et sans bravades
Se battant dur, se battant bien
Des forêts aux barricades
Ce sont ceux du Maquis
Ceux de la Résistance
Ce sont ceux du Maquis
Jeunesse du Pays.

Madeleine : Mais parfois
C'est mon Roger qui nous attend
Nous prenons quelques minutes
à nous promener dans les bois comme autrefois
Une toute petite fois
Mes deux garçons
Mes deux grands dadais
M'attendaient là
Pour la dernière fois j'ai pris Georges dans mes bras

Louise : Il avait ce côté sérieux
Comme s'il était interdit d'être amoureux
« Tu ne comprends pas qu'il disait
C'est la guerre !
- Je suis au courant merci
Mais tu sais
la guerre va pas durer toute la vie
- C'est peut-être ma vie qui va pas durer toute la guerre »
Et il avait raison

(Olga et Ambre viennent récupérer leurs affaires et sortent, Madeleine relaie Ambre auprès du blessé, Lucienne range la machine à écrire et va ronéotyper, Louise s'installe à son poste émetteur)

Séquence 3 : les lendemains qui chantent ?

(Louise est toute seule, son poste émetteur branché, elle décrypte un message qu'elle vient de recevoir. Lucienne entre avec son paquet de tracts, Madeleine revient. Tentative d'échappée de Lucienne.)

Madeleine : Il a arrêté de délirer dans son sommeil, mais il a toujours de la fièvre.

(Retour Ambre)

Ambre : C'est du grand n'importe quoi dehors ! Je viens d'essayer de sauver, en vain, un FFI blessé par d'autres résistants ! Ce pauvre gars avait oublié de mettre son brassard, il a été arrêté et fusillé alors qu'il tentait de s'échapper.

Louise : A part ça, du nouveau ?

Ambre : Des attaques ont été menées contre les colonnes allemandes sur le départ. La Libération n'est plus qu'une question d'heures.

(Retour Olga)

Olga : Ils commencent à arrêter des collabo'…

Madeleine : A vouloir à tout prix les punir, ils tirent sur tout ce qui bouge !

Olga : Ils ont quand même bien mérité de payer pour leurs crimes !

Lucienne : Et c'est une raison pour appliquer les mêmes méthodes barbares qu'eux ?!

Madeleine : Et que des innocents y perdent la vie ?

Olga : Et les juifs, les communistes, les étrangers, ils n'étaient pas innocents peut-être ? Lorsque l'on a décidé dès la signature de l'armistice, d'appliquer les lois raciales du IIIème Reich en Zone Occupée ?

Ambre : Se met alors en place une surenchère déloyale
entre les antisémites de Pétain et d'Hitler

prononçant les lois les plus avilissantes à l'encontre des Juifs

(Chacune prend sa place pour jouer le concours : Madeleine fait Pétain, Louise est Laval pendant que Lucienne et Olga représente le commandement militaire allemand.)

Olga : Septembre 1940

Lucienne / Allemand : Il nous semble nécessaire
que dis-je vital
de recenser tous les Juifs de Zone Occupée
Naturellement les commerçants juifs sont tenus d'afficher l'avis les désignant comme tels

Louise : 3 octobre 1940

Madeleine / Vichy : Il nous faut un statut des Juifs
Il faut décider qui est Juif et qui ne l'est pas
parce que c'est bien vague comme terme « juif »

Lucienne / Allemand : Vous n'avez qu'à mesurer leur nez !

Madeleine / Vichy : Et surtout les exclure
Les exclure de leur profession

Louise : C'est insupportable tous ces Juifs qui nous volent toutes les meilleures places

Madeleine / Vichy : Les exclure de la société
Les exclure de la France
Les exclure du monde
Ah ! Et n'oublions pas : si les Juifs ne sont pas sages, gare à l'internement !

Ambre : Les deux adversaires jouent au coude à coude…

Lucienne / Allemand : Evidemment, les biens juifs sont confisqués et aryanisés

Madeleine / Vichy : Nous aussi ! Nous aussi ! On l'a voté cette loi !

Ambre : C'est vrai !
Dommage ils étaient les premiers
Octobre 1940
Fallait pas attendre Juillet 1941 !
Montrez-vous un peu plus coriaces nom d'une pipe !

Madeleine /Vichy : D'accord, d'accord.
Votons un deuxième statut des Juifs et cette fois
pas d'échappatoire
on élargit les critères d'appartenance à la race juive et plus aucun juif ne pourra travailler sur le territoire français !

Ambre : Le gouvernement de Vichy rattrape son retard...
Malheureusement, les lois nazies finissent par l'emporter haut la main !

Lucienne/Allemand : 9 mai 1942
Zone occupée
Promulgation de la loi sur le port de l'étoile jaune

Ambre : Cette étoile
j'ai voulu la porter
Manifestation puérile
Je suis allée chez le bijoutier
J'ai donné mes médailles de baptême et de première communion
Tout ce que j'avais d'or
pour qu'il en fasse une étoile
que j'arborais fièrement en signe de contestation

Olga : Cette étoile
j'ai refusé de la porter
l'impression d'être marquée comme du bétail
Sauf le premier jour
pour me révolter
Je suis sortie avec
une étoile sur le cœur
une étoile sur mon gros ventre de femme enceinte

Lucienne : Je me souviens

avoir croisé dans les rues de Lyon
plusieurs jeunes filles avec des insignes fantaisistes
En guise de protestation
Celle-ci avec une ceinture ornée de petites étoiles formant le mot VICTOIRE
Celle-là avec les initiales JNRJ marquées sur sa fausse étoile
Jésus de Nazareth Roi des Juifs

Olga : Quand je suis rentrée
ce matin de juillet
un silence de mort régnait dans la vieille bâtisse
Les cris les rires les pleurs avaient déserté les couloirs encore pleins de vie quelques heures auparavant
Il me faudra du temps
pour comprendre
ce que j'ai sous les yeux
C'était la rafle du Vel'd'Hiv'
Du temps encore
pour saisir la folie barbare
Les étoiles sur les poitrines
L'arrachement des enfants à leur mère
Les hommes que l'on fusille chaque jour
La dégradation
méthodique
de tout un peuple
La vérité est interdite

Louise : Je suis chrétienne et croyante
c'est pourquoi je ne veux pas
être antisémite

Madeleine : 1939 – sud de la France

Olga : Le monde disparaît

Lucienne : création des camps

Olga : peu à peu

Lucienne : d'hébergement

Olga : dans une épaisse nuit

Lucienne : d'internement

Olga : dans un brouillard impénétrable

Lucienne : de concentration
pour héberger les 500 mille Républicains Espagnols venus se cogner aux Pyrénées

Ambre : L'obscurité insatiable

Madeleine : Constructions sommaires et branlantes

Ambre : engloutit
hommes femmes enfants

Madeleine : c'est du provisoire

Ambre : Sans distinction

Lucienne : camps français

Olga/Ambre : Leur faute c'est d'être terroriste
Leur faute c'est d'être patriote communiste juif athée humaniste

Lucienne : politique concentrationnaire du gouvernement Daladier

Olga/Ambre : Leur faute c'est d'être pour la liberté

Louise : Sont considérés comme suspects
Ambre : On les met dans un train

Louise : des milliers d'antifascistes
ressortissants allemands ou autrichiens
donc indésirables

Ambre : et ils se fondent dans les ténèbres

Lucienne : Parmi eux certains sont Juifs

Olga : Et on ne peut imaginer
ce qui les attend
au bout du chemin de fer

Madeleine : Sont considérés comme suspects

Olga : Et on ne peut imaginer

Madeleine : des centaines de communistes

Olga : le sort réservé aux traitres à la Patrie

Madeleine : réels ou présumés

Lucienne : Antisémitisme ?

Ambre : Parce que l'inventivité d'un tyran

Lucienne : Xénophobie ?

Ambre : dépasse de loin
les frontières de la barbarie

Lucienne : Daladier valait bien Pétain

Madeleine : Le vieux Maréchal n'eut qu'à abolir les décrets garants de la Démocratie

Olga : On envisage les barbelés
les baraques
les corps affamés

Ambre : On prévoit l'horreur que l'on connaît

Olga : Mais on ne peut imaginer

Lucienne : En France

Olga : leurs souffrances quotidiennes

Lucienne : les œuvres privées
sont les seules à ne pas
abandonner
les internés

Madeleine : Elles apportent
l'espoir
d'un avenir possible

Olga/Ambre : Tant des nôtres
nous ont été enlevés
au bras de la Gestapo
ou d'un gendarme français

Olga : Tant d'hommes de femmes
condamnés aux travaux forcés
à perpétuité

Ambre : Dans les camps à l'Est
A l'Est de la lutte
A l'Est de la vie
A l'Est de l'espoir
Tant de vies en suspens

Olga : entre parenthèses

Olga/Ambre : se dissipent dans une brume incertaine

Madeleine : Et le provisoire a fini par durer longtemps

Ambre : Je me rappelle
ma première entrée dans une baraque
Il faisait froid

Les volets étaient fermés
puisque de vitres
il n'y en avait point
Tout était obscur seuls luisaient des yeux
braqués sur moi
révélant une soixantaine d'êtres
entassés
vieillards, enfants, malades
étendus sur des paillasses
tremblant d'excitation, de froid et bientôt de faim
Et de baraques en baraques
de souffrances en souffrances
de désespoir en désespoir
le même constat accablant
En attendant ?
Impossible !
Découvrir cet enfer
et retourner à ma petite vie tranquille ?

Je resterai aussi longtemps que brilleront les immenses yeux affamés sur les visages d'enfants marqués d'amertume et de souffrance

TOUTES : *Unissons nos voix avant de nous quitter*
Je vais parcourir d'autres lieux

AMBRE : Je me rappelle
ce spectacle qui devint trop habituel
En descendant une allée
un homme marchait devant moi
Il se mit à tituber
S'abattit
mort de faim
Les camps sont des lieux
où les corps s'imposent
à la vue à l'odeur
Odeur d'urine
Odeur d'excréments
Odeur de pourriture
Les corps deviennent la pauvreté la richesse des internés
puisque c'est tout ce qui leur reste

Ainsi cette jeune polonaise
à peine plus âgée que moi
offre son corps pour un peu de pain
Et pour elle et pour sa baraque
Puis vint le temps
des départs
des rafles
des déportations
Appelez ça comme vous le voulez
Et avec eux la question des enfants
ces centaines d'enfants « hébergés »
qu'il faut protéger
qu'il faut alors séparer de leurs parents

TOUTES : *La vie est douce et le monde est si beau*
Entonnons ce dernier adieu

AMBRE : Je me rappelle
ce grand et beau garçon
entre son père et sa mère
Il ne pleure pas
Il se penche sur l'un sur l'autre
et frotte son visage contre le leur
lentement doucement
avec toute la tendresse du monde
Pas un mot
Cela dure dure

TOUTES : *Et si je rencontre la mort en chemin*

AMBRE : Je me rappelle
cette fillette
qui avaient les bras trop courts pour réconforter ses frères
Puis le car s'ébranle
Pas un cri pas un geste
Juste des larmes et des visages tendus
tendus comme pour regarder l'éternité

TOUTES : *Fauchant parmi nous le rang des gueux*

AMBRE : Je me rappelle
cette femme
arrachée aux petites mains de ses deux enfants
Ses cris dans la nuit étaient terribles
Pour toute personne retirée des convois
une autre devait la remplacer

TOUTES : Oui je serais prête pour mon dernier adieu
Je pars pour un très long voyage

AMBRE : Pourquoi nous aussi
avons-nous trié
par ordre de moins grande détresse
les malheureux qu'il fallait défendre
Qu'on le veuille ou non
travailler à l'amélioration des camps
même si c'est pour le bien des internés
c'est peu à peu insensiblement
tolérer puis admettre les camps comme condition de vie
C'est au début qu'il faut refuser de s'habituer
pour que votre oui soit vraiment oui
et votre non vraiment non
Une baraque ça ne parle pas
quand les cris s'éteignent
tous les miséreux peuvent disparaître

(On toque à la porte, Louise va voir)

Louise : Tous les tracts doivent être distribués ce soir, pendant le couvre-feu.

Lucienne : C'est incroyable ! Nous, nous sommes là à taper à la machine, à attendre que l'on nous sonne pour intervenir pour aller distribuer des tracts pendant que les hommes massacrent ces foutus Boches! Aucune de nous ne sera au feu les armes à la main…

Madeleine : Et c'est reparti !

Louise : Mais notre action est tout aussi utile et nécessaire que la leur.

Lucienne : N'empêche qu'il existe des actions pour les hommes et d'autres spécifiquement réservées aux femmes. Ce cloisonnement a été favorisé par les Comités Féminins. Ils représentent la phallocratie de notre société, perpétrée par un Parti qui se réclame de l'égalité entre les humains, entre TOUS les humains !

Olga : Ne monte pas sur tes grands chevaux ! La réalité est là ! Prisonnières des préjugés sur le « sexe faible », habituées dès les bancs de la petite école à être séparées des garçons, peu de jeunes filles étaient prêtes à militer dans des organisations mixtes et peu de parents les auraient laissées faire.

Lucienne : Mais ce faisant, vous les confortez dans leurs idées.

Madeleine : Et la frontière reste tout de même mince entre votre action et de l'endoctrinement pur et simple.

Ambre : De toute façon, ils n'ont pas été les seuls à faire ça. Et comme on a pu le constater, ces organismes ont été de très bons vecteurs pour l'engagement féminin dans la Résistance.

Lucienne : Je ne dis pas le contraire, je dis seulement que le plus grand compliment qu'un homme puisse faire à une femme restera toujours : « vous écrivez, vous travaillez, vous agissez comme un homme ». Et s'ils nous offrent ces rôles-là, c'est qu'ils ont l'impression de nous faire une faveur. Ils les jugent négligeables, inférieurs et de seconde catégorie, tout comme nous.

Ambre : Pourrais-tu arrêter avec ton discours de féministe enragée ?

Lucienne : Attention, Annick sort les griffes !

Olga : Tu ne peux pas toujours voir le mauvais côté des choses. L'Assemblée Consultative Provisoire à Alger vous a tout de même donné le droit de vote en avril.

Madeleine : Pourquoi tu dis vous ?

Olga : En tant qu'étrangère ce droit ne m'est pas accordé.

Lucienne : Parlons-en du droit de vote ! Un siècle et demi après le suffrage universel pour les hommes et après maintes tentatives à l'Assemblée, tous ces messieurs du futur gouvernement provisoire se sont dit : « On ne peut pas continuer à les ignorer, les femmes nous ont quand même bien aidés. Une femme nouvelle est née à qui l'on donnera AU MOINS le droit de vote ! » J'attends de voir ce qui vient après… !

Louise : Ne sois pas si défaitiste. En plus, tu dis tous ces messieurs mais il y avait quelques femmes.

Madeleine : Bientôt, les femmes seront même Président du Conseil ! Manquerait plus que ça !

Lucienne : Françoise, comment peux-tu tenir des propos si archaïques après avoir lutté pour la liberté pendant quatre ans ?

Madeleine : Je t'ai déjà dit que les femmes n'avaient rien à faire avec la politique. Oui j'ai lutté ! Avec mon mari ! Nous avons pris cette décision ensemble et je ne sais pas si j'aurais agi de la même façon sans son approbation.

Lucienne : Et voilà encore l'éternel schéma de la femme soumise, à l'homme en général et à son mari en particulier !

Madeleine : Qui te parle de soumission ?

Ambre : Qui es-tu pour parler ainsi ?! Tu te crois supérieure ? Que connais-tu des règles du mariage, des renoncements que cela entraîne ?

Lucienne : Plus que tu ne le penses ! Le mariage c'est espérer toute sa vie être la moitié de quelqu'un qui ne t'a pas attendu pour être entier à lui tout seul. Excuse-moi d'aspirer à d'autres choses !

Ambre : C'est vrai, j'oubliais que tu n'as besoin de personne et surtout pas d'un homme pour vivre ta vie ! Tu parles, avec un caractère comme le tien, ça doit pas se bousculer au portillon !

Louise : Calme-toi Annick…

Ambre : Sinon quoi ? Je pourrais froisser notre chère Marcelle ? Elle se préoccupe, elle, de nous froisser ? Que sais-tu de nos vies, de nos contraintes ? Rien, tu es trop occupée à juger le moindre de nos choix ! Quand je suis partie ce matin, mon mari m'a dit : « ça fait trois ans que tu te balades, j'espère que tu en as bien profité parce qu'aujourd'hui, c'est ta dernière sortie. A partir de demain, tu vas rester à la maison, me faire de beaux enfants et faire cuire les pommes de terre ! » Alors, vas-y puisque tu es si maligne, trouve-moi une solution.

Lucienne : Il ne tient qu'à toi de changer de vie.

Ambre : Belles paroles ! Que dois-je faire ? Tout flanquer par terre sous prétexte que je me suis trompée il y a trois ans ?

Lucienne : C'est vrai, tu as raison, c'est beaucoup mieux d'être malheureuse pendant toute une vie !

Ambre : Je ne sais pas si c'est mieux, mais j'ai essayé au moins. Je me suis trompée, mais je ne me suis pas cachée derrière un mur d'agressivité.

Madeleine : Quelles que soient les raisons qui te poussent à agir comme tu le fais, tu n'as aucun droit de nous juger, de déverser ta bile sur nous.

Louise : C'est vrai, tu as toujours l'air en colère, Marcelle contre le monde entier.

Lucienne : Tu t'imagines peut-être qu'avec la Libération, c'est la fin de la lutte ! Heureusement, je suis là pour continuer à me battre pour le droit des femmes. En retournant dans vos chaumières, vous n'allez pas nous sauver la vie !

Louise : Mais quelle chaumière ? Celle qui a brûlé sous les bombes ? Quel cocon ? Celui dans lequel mes parents disparus m'ont fait grandir ? Quel foyer ? Celui que j'aurais pu fonder avec mon amoureux gisant au creux de la terre et du sang ?

Lucienne : C'est Annick qui pique une crise et c'est à moi qu'on s'en prend !

Louise : Arrête de te sentir agresser de tout côté !

Lucienne : Nous n'avons pas le droit de renoncer à la vie après nous être battues pour elle.

Louise : Qui te parle de renoncer ? J'ai découvert un autre monde dans cette guerre, depuis quatre ans, je me bats pour une société plus juste, je n'ai pas l'intention de m'arrêter en si bon chemin. Tu n'as pas le monopole du courage, nous sommes juste moins bruyantes…

Lucienne : Mes parents mes frères mes sœurs ma famille au grand complet, tout le monde a collaboré afin de maintenir un certain train de vie. Mes amis arrêtés, celles et ceux que j'ai croisés en prison, c'est peut-être ma mère qui les a envoyés là pour me libérer.

Ils sont venus m'arrêter
au petit matin
Le soleil à peine levé annonçait déjà une belle journée de printemps
Ils m'ont cueillie au réveil
Et je suis entrée dans un tunnel noir
C'est vrai que tout a été noir
ces hommes la voiture la prison
J'ai descendu les escaliers dans un état second
Et nous étions deux dans la rue
moi Lucienne la jeune femme un peu paumée
restée sur le trottoir
qui regarde Marcelle la résistante pugnace
s'en aller vers son destin
Je n'ai pas été torturée
Battue un peu 2 ou 3 baffes
J'en ai vu des femmes revenir des interrogatoires
le visage tuméfié couvert de sang
qui avaient plutôt l'air
de mannequins en chiffon bourrés de paille que de personnes humaines
J'ai entendu leurs cris
à travers les barreaux à travers les murs
ces larmes à vous glacer le sang
Ici la femme est battue comme un homme
Et cette jeune fille
enceinte jusqu'aux yeux
elle s'est taillée les veines
On a fait venir son mari
alors qu'elle baignait dans son sang
pour le faire parler
Devant son silence obstiné
on le bat sauvagement
C'est la dernière fois qu'elle le voit avant qu'il ne soit déporté

Puis elle accouche d'une petite fille mort née
Puis elle est déportée à son tour
Et moi qui n'ai personne à aimer
j'ai été libérée « faute de preuve »

Dès que je m'assoupis je vois une cellule des hommes en noir qui s'acharnent sur ces deux jeunes amoureux Et je deviens leur bourreau

Moi qui suis libre
Moi qui suis vivante

CHANT DES PARTISANS

Ami, entends-tu le vol noir des corbeaux sur nos plaines
Ami, entends-tu les cris sourds du pays qu'on enchaîne
Ohé, partisans, ouvriers et paysans c'est l'alarme
Ce soir l'ennemi connaîtra le prix du sang et des larmes...

C'est nous qui brisons les barreaux des prisons pour nos frères
La haine à nos trousses et la faim qui nous pousse, la misère
Il y a des pays où les hommes au creux des lits font des rêves
Ici, nous, vois-tu, nous on marche, nous on tue ou on crève.

Ici, chacun sait ce qu'il veut, ce qu'il fait quand il passe
Ami, si tu tombes, un ami sort de l'ombre à ta place,
Demain du sang noir séchera au grand soleil sur nos routes
Chantez, compagnons, dans la nuit la liberté nous écoute...

Ami, entends-tu les cris sourds du pays qu'on enchaîne
Ami, entends-tu le vol noir du corbeau sur la plaine

Ambre : C'est joli comme prénom Lucienne, ça te va bien…

Lucienne : Merci. Et toi ?

Ambre : Moi, c'est Ambre.

(Elles se tournent vers Louise)

Louise : On se côtoie depuis plusieurs mois sans se connaître vraiment. Nous sommes de véritables petits secrets vivants.

Ambre : C'est peut-être la dernière fois que l'on se voit…

Lucienne : Dis pas des choses comme ça !

Madeleine : Louise, elle s'appelle Louise.

Louise : Comment tu sais ça ?

Madeleine : C'est Georges qui me l'a dit.

Ambre : Pourquoi tu te faisais appeler L'Italienne ?

Louise : A Londres, tu choisis ton nom de guerre par rapport à ta fonction : pour les Radios, c'étaient les habitants d'une ville ou d'une province, alors je suis devenue L'Italienne.

Madeleine : Moi c'est Madeleine, j'avais choisi Françoise pour marquer mon engagement patriotique. Claudie ?

Olga : Mon vrai nom, c'est Olga. J'avais choisi Claude puisqu'il fallait que le prénom soit euphoniquement celui d'un homme et il dissimulait bien mes origines russes. Mais il faut bien avouer qu'il ne fallut pas beaucoup de temps pour que tout le monde ne m'appelle affectueusement Claudie.

Olga : Ambre, attends. Ne sois pas cette femme qui s'ennuie. Tu es jeune, tu as bien plus de courage que tu ne le penses.

(Ambre sort précipitamment puis revient.)

Ambre : Exilé est mort.

(Madeleine s'effondre. Le passage suivant – chant Olga / monologue Madeleine – s'entremêle.)

Olga: Tant d'amants ont été séparés
Tant de familles se sont perdues

Tant de vies ont été brisées

De la terre entière s'élève
Un tel cri
De la terre entière
Un tel sanglot

Nous sommes vivants
Pendant que les morts envahissent
Le bord de nos vies

Sans cesse les souvenirs
Infiniment douloureux
Sans cesse les souvenirs
Surgissent malgré nous

Madeleine : Je marche sur des cadavres au milieu des ruisseaux de sang
Où es-tu mon garçon
mon pauvre petit bonhomme
Toute cette vie qui s'en va
qui s'enfuit
Ils ont tous choisi
le combat pour la vie ils ont fait à l'avance le sacrifice de leur vie pour un idéal patriotique pour des valeurs morales et humanistes
et les voilà tous morts
Et nous
pauvres mères pas encore veuves
nous pleurons les fils de France morts beaucoup trop jeunes
Nous-mêmes sommes déjà des absentes

Louise : Il faut que j'y aille, on a reçu l'ordre radio d'empêcher les colonnes allemandes venues des départements voisins de traverser la ville.

(Chacune prend un paquet de tracts.)

Lucienne : C'est parti.

Madeleine : Allez-y sans moi.

(Olga reste seule.)

Olga : Dans un monde qui recommence à tourner rond personne n'attend plus rien
que la paix
Il n'y a que moi qui attends encore
d'une attente de tous les temps
de celle des femmes de tous les temps
de tous les lieux du monde
Et dans cette attente interminable
et dans cet espoir vain
J'entends leurs rires
qui sonnent au rythme de mon cœur
J'entends leur voix d'outre-tombe
Il me faudra apprivoiser
un monde sans eux
sans leur sourire aimant
sans leurs mains accrochées dans les miennes

(Reviennent, comme dans un rêve, Lucienne, Ambre, Louise et Madeleine à l'accordéon.)

LA COMPLAINTE DU PARTISAN

L'ennemi était chez moi
On m'a dit résigne toi
Mais je n'ai pas pu
Et j'ai repris mon arme.

Personne ne m'a demandé
D'où je viens et où je vais
Vous qui le savez
Effacez mon passage.

J'ai changé cent fois de nom
J'ai perdu femme et enfants
Mais j'ai tant d'amis
J'ai la France entière.

Un vieil homme dans un grenier
Pour la nuit nous a cachés
Les soldats l'ont pris
Il est mort sans surprise.

Hier encore nous étions trois
Il ne reste plus que moi
Et je tourne en rond
Dans la prison des frontières.

Le vent souffle sur les tombes
La liberté reviendra
On nous oubliera
Nous rentrerons dans l'ombre.

Bibliographie

Torrès, T. (2000). *Une Française libre. Journal 1939-1945*. Paris : Phébus

London, L. (1995). *L'écheveau du temps : La mégère de la rue Daguerre*. Paris : Éditions du Seuil

Guillemot, G. (2002). *Entre parenthèse, De Colombelles (Calvados) à Mauthausen (Autriche)*. Paris : L'Harmattan

Aubrac, L. (1997). *Ils partiront dans l'ivresse*. Paris : Seuil, coll. «Points»,

Alexis-Monet, L. (2001). *Les miradors de Vichy*. Paris : Eds De, coll. "Essais et Documents"

Bonhny-Reiter, F. (1970). *Journal de Rivesaltes*. Carouge : Zoe

Morisse, J. (2008). *Là d'où je viens.* Portet-sur-Garonne : Editions Empreintes

Duras, M. (1985). *La Douleur*. Paris : P.O.L

Guillemot, G et Humiez, S. (2009). *Résistante.* Neuilly-sur-Seine : Editions Michel Lafon

Berr, H (2008). *Journal.* Paris : Editions Tallandier

Naïtchenko, M (2003). *Une jeune fille en guerre*. Paris : Editions Imago

Collins Weitz, M. (1997). *Les combattantes de l'ombre*. Paris : Editions Albin Michel

Sommaire

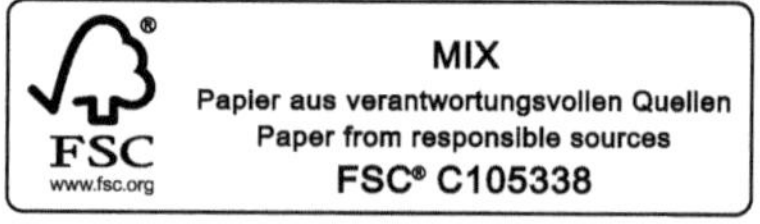

Printed by Books on Demand GmbH, Norderstedt / Germany